Wuff
Wuff

Dieses Buch kann alleine lesen:

____

Tiergeschichten zum Lesenlernen

CARLSEN

Noch mehr Geschichten für Leseanfänger:

Das große Buch zum Lesenlernen
ISBN 978-3-551-06601-5

Ponygeschichten zum Lesenlernen
ISBN 978-3-551-06602-2

Schulgeschichten zum Lesenlernen
ISBN 978-3-551-06603-9

Piratengeschichten zum Lesenlernen
ISBN 978-3-551-06604-6

Sonderausgabe im Sammelband 1. Auflage 2010
Umschlagkonzeption und Illustration der Lesemaus: Hildegard Müller
Lesemaus-Redaktion: Anja Kunle
Umschlagillustration: Günther Jakobs
Druck und Bindung: Zanardi Group, Italy
ISBN: 978-3-551-06605-3
Printed in Italy

Inhalt

Helfer auf vier Pfoten

Eine Geschichte von Ulrike Barzik
mit Bildern von Heike Wiechmann

Luise wartet mit ihrem Labrador Bruno auf ihre Freundin Klara. Sie wollen zur Eisdiele gehen. Luises Oma hat drei Euro spendiert. Dafür kann Luise für jede ein Eis mit zwei Kugeln kaufen.
Da klingelt es Sturm. Bruno läuft noch vor Luise zur Tür.
„Ich bin's!", ruft Klara. „Mach auf!"
„Ich komm ja schon", antwortet Luise. Sie fühlt nach dem Geld in ihrer Hosentasche. Alles noch da.

„Es kann losgehen“, sagt sie zu Bruno. Der wedelt mit dem Schwanz.
„Ich hab schon einen Rieseneishunger!“, sagt Klara. „Deine Oma ist echt nett. Demnächst spendiert sie auch noch Bruno ein Eis!“
„Mit Kirschen und extra viel Sahne!“, kichert Luise.
Bruno sagt nichts dazu. Er mag lieber Hundekuchen. Aber zur Eisdiele geht er trotzdem immer gerne.

Auf der Straße gehen sie nach links. Die Eisdiele liegt hinter der Kreuzung. Klara sieht, dass einige Leute Bruno hinterhergucken. Bruno trägt ein weißes Führgeschirr. Denn Bruno ist ein Blindenführhund.

Als Klara noch klein war, dachte sie, ein Blindenführhund wäre blind. So blind wie ihre Freundin Luise. Seit ihrer Geburt kann Luise nämlich nichts sehen.

Aber Blindenführhunde sehen genauso gut wie alle anderen Hunde. Sie heißen so, weil sie blinde Menschen sicher durch den Alltag begleiten.

Bruno hat eine lange Ausbildung hinter sich. Er hat gelernt, Hindernisse zu erkennen und ihnen auszuweichen. Außerdem muss er starke Nerven haben. Durch nichts darf er sich aus der Ruhe bringen lassen. Er darf nicht erschrecken, wenn Türen knallen oder Autos hupen. Und er darf nicht einfach losrennen, wenn er etwas Spannendes sieht. Luise muss sich auf ihn verlassen können – und zwar immer. Bruno sieht, was Luise nicht sehen kann. Er warnt sie, wenn es gefährlich wird.

„Soll ich Zitrone oder Erdbeere nehmen?“, überlegt Klara laut. Auf einmal bleibt Bruno stehen. Die Ampel zeigt Rot. Aber kein Hund der Welt kann Farben erkennen wie ein Mensch, nicht einmal Bruno. Er hält an, weil da eine Bordsteinkante ist. Luise hört auf das tuckernde Ampelsignal.
„Oder soll ich Banane nehmen?“, fragt Klara und geht ganz in Gedanken einfach weiter.

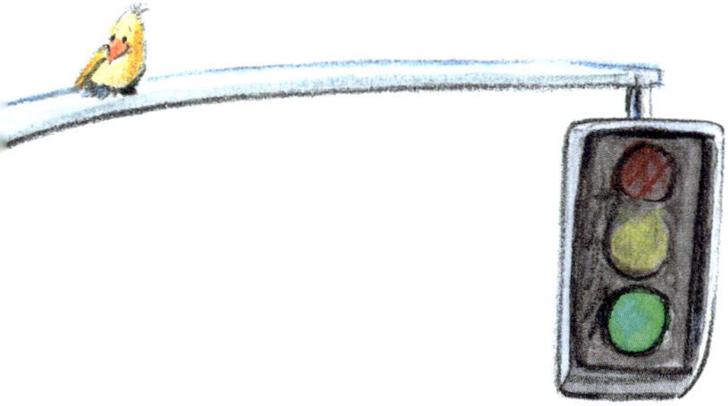

„Mensch, Klara! Es ist rot!“, ruft Luise. „Du Blindfisch, pass auf!“ Klara schreckt auf. „Ups, gut aufgepasst“, sagt sie.
Als die Ampel auf Grün springt, tastet Luise die Stufe am Bordstein mit dem Fuß vorsichtig ab. Schließlich will sie nicht stolpern und sich auf die Nase legen.
Bruno wartet, bis das Signal zum Loslaufen kommt. Dann gehen die drei über die Straße.

In der Eisdiele treffen die beiden Frau Pudel. Frau Pudel ist Luises Nachbarin. Einen besseren Namen könnte es für Frau Pudel gar nicht geben. Denn sie ist die weltbeste und einzig wahre Fachfrau für Hunde. Sie mag Bruno sehr – und Bruno mag Frau Pudel.

„Welche Eissorte würden Sie uns denn empfehlen?“, fragt Klara.

„Ich esse am liebsten Schokolade“, schwärmt Frau Pudel.

„Auch eine gute Idee“, grübelt Klara.

„Hallo, Bruno!“, sagt Frau Pudel. „Musst du heute wieder arbeiten? Mein Hund wartet im Auto auf mich.“ Sie zeigt auf ein Schild. „Hunde müssen draußen bleiben“, liest Klara. Für Bruno gilt das nicht. Blindenführhunde dürfen überall mit rein. Das ist im Gesetz so geregelt.
„Glück gehabt, Bruno!“, lacht Luise.

Leserätsel

Kreuze die richtige Antwort an. Hast du alle Fragen beantwortet? Dann weißt du, wie Frau Pudels Hund heißt.

Wer kann nichts sehen?

- [S] der Blindfisch
- [**K**] Luise
- [M] Klara

Wer ist hier denn wirklich ein Tier?

- [**A**] Blindschleiche
- [P] Blindgänger
- [X] Blinddarm

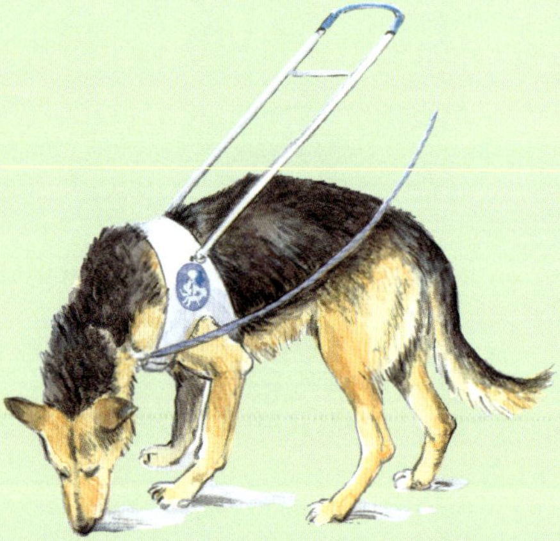

Was trägt ein Blindenhund?

- [T] eine Sonnenbrille
- [R] ein Führgeschirr
- [W] einen selbstgestrickten Pullover

Wieso nennt man manche Hunde Blindenführhunde?

- [L] Weil diese Hunde blinde Menschen begleiten.
- [B] Weil diese Hunde Blindenschrift lesen können.

Was ist im Gesetz geregelt?

- [O] Blindenführhunde dürfen in alle Läden mit hinein.
- [Z] Alle Hunde dürfen Eis essen gehen.

Lösungswort: K A R L O

„Wir waren gerade beim Training auf dem Übungsplatz“, erzählt Frau Pudel. „Karlo darf ja nicht aus der Übung kommen. Aber er hat es prima gemacht.“
Karlo ist ein Rettungshund.
Ein Rettungshund sucht unter Trümmern oder Lawinen nach verschütteten Menschen. Oder er nimmt die Spur von Wanderern auf, die sich im Wald oder in den Bergen verlaufen haben.
Karlo ist ein Border Collie und genau richtig für diesen Job. Er ist nicht zu groß oder zu schwer, um auf Trümmer zu klettern. Er ist aber auch nicht zu klein, um Hindernisse zu überwinden.

„Übrigens, Samstag ist auf unserem Übungsgelände ein Tag der offenen Tür“, erzählt Frau Pudel. „Ihr beide seid natürlich herzlich eingeladen.“
„Wir kommen gerne“, meint Luise. „Dann kann Bruno mal sehen, dass andere Hunde auch arbeiten müssen!“
Frau Pudel verabschiedet sich und die Mädchen bestellen ihr Eis. Mit Sahne und bunten Streuseln drauf! Klara hat sich für Schokolade entschieden.

Am Samstag ist auf dem Übungsplatz viel los. Die Hunde führen vor, was sie alles können. Frau Pudel begleitet Klara und Luise über das große Gelände.
„Wieso bellt da ein Hund?“, horcht Luise auf.
„Ein Rettungshund hat eine Person gefunden“, erklärt Frau Pudel. „Er bleibt an Ort und Stelle und macht auf sich aufmerksam, bis sein Hundeführer kommt.“
„Wie hat der Hund denn den Menschen

gefunden?“, fragt Klara. „Der war doch gar nicht zu sehen?“

„Hunde sind Schnüffelprofis. Sie haben eine sehr gute Nase“, antwortet Frau Pudel. „Karlo kann einen Menschen noch unter sechs Metern Schnee wittern!“

„Wahnsinn!“, staunt Luise.

Karlo guckt ganz stolz.

„Was ist eigentlich der Unterschied zwischen Rettungshunden und Spürhunden?“, fragt Luise.
„Spürhunde suchen nicht nach Menschen. Sie sind darauf abgerichtet, mit ihren Supernasen verstecktes Rauschgift, Waffen oder Sprengstoff zu finden“, erklärt Frau Pudel. „Die Polizei und der Zoll arbeiten an Flughäfen oder Grenzen mit Spürhunden.“
„Wieso kriegt die Polizei nicht selbst die Verstecke raus? Die sind doch da, um Spuren zu sichern und zu ermitteln?“, fragt Klara. „Das ist doch in jedem Krimi so.“
Frau Pudel lacht.

„Stellt euch mal vor, ein Zollbeamter müsste am Flughafen Tausende Koffer durchsuchen. Das wäre unmöglich.“

Klara stellt sich Berge von Koffern vor.

„Die Spürhunde schnüffeln nur mal kurz am Gepäck und schon ist der Koffer des Gangsters gefunden“, ruft Luise. „Voll genial!“

„Richtig. Die Hunde bellen, wenn sie etwas Verdächtiges erschnuppert haben“, sagt Frau Pudel.

„Die Hunde erschnüffeln nur das, wofür sie ausgebildet wurden. Deshalb dauert so eine Ausbildung auch sehr lange. Und immer wieder müssen die Hunde üben, üben, üben."

„Oje – wie in der Schule", sagt Klara.

„Den Hunden macht das aber richtig Spaß", versichert Frau Pudel.

„Immer wieder üben soll Spaß machen?", wundert sich Luise.

„Die Hunde leben ihren Spieltrieb aus. Für sie ist die Suche nach Beute ein Spiel“, meint Frau Pudel.
Auf einmal streckt Klara ihre Nase in die Luft. „Meine Supernase riecht gerade Bratwürstchen!“
Luise schnuppert auch. „Beute!“, ruft sie. „Immer der Nase nach“, lacht Frau Pudel.

Leserätsel

Was für ein Hund ist Bruno?
Die Buchstaben in der Schüssel
verraten es dir.

L a B r a d o r

Was für einen besonderen Riechkolben
haben Hunde?

Eine S P ü r N d S e

So viele Wörter mit Hund! Verbinde die Wörter mit den richtigen Bildern:

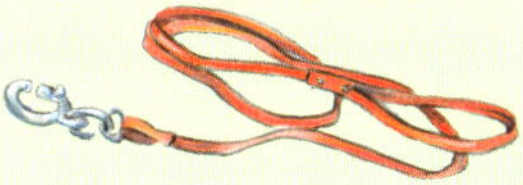

Hundefutter

Hundenapf

Hundeführer

Blindenführhund

Hundekuchen

Flughund

Seehund

Hundeleine

Hundehütte

Hundemarke

Infoseite

Hier siehst du Hunde, die den Menschen helfen:

Hütehund

Er ist der ideale Arbeitshund für Schäfer. Hütehunde helfen, Herden mit bis zu 1000 Tieren sicher durch das Gelände zu treiben. Der Hund auf dem Bild kommt aus Frankreich – die Rasse heißt *Berger des Pyrénées*.

Rettungshund

Der Bergrettungshund muss besonders gut klettern können. Das hier ist ein *Bernhardiner*. Diese Rasse stammt aus dem Kanton Bern in der Schweiz.

Rettungshund

Der *Border Collie* ist als mittelgroßer Hund sehr gut für den Katastropheneinsatz geeignet.
Eine gute Kondition und die Freude am Laufen sind für Rettungshunde ganz wichtig.

Blindenführhund

Blindenführhunde müssen sehr gehorsam, zuverlässig und nervenstark sein. Mit ihrem blinden Herrchen oder Frauchen bilden sie ein gutes Team. Hier siehst du einen *Labrador*.

Spürhund

Spürhunde haben einen ausgeprägten Spiel- und Beutetrieb.
Bei Polizei und Zoll arbeiten meist *Deutsche Schäferhunde*.

S. 18/19:
Luise kann nichts sehen.
Die Blindschleiche ist ein Tier.
Ein Blindenhund trägt ein Führgeschirr.
Manche Hunde heißen Blindenführhunde,
weil sie blinde Menschen begleiten.
Blindenführhunde dürfen in alle Läden mit hinein.
Lösungswort: KARLO

S. 28:
Lösungswort:
LABRADOR
Lösungswort:
SPÜRNASE

S. 29:

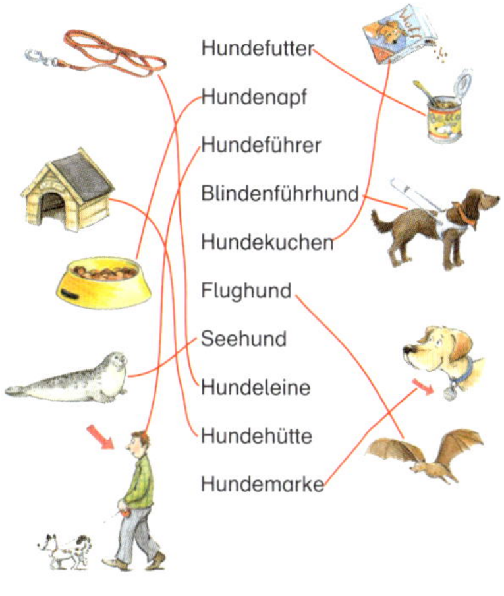

Lösungen

Dreihorn, der kleine Dinosaurier

Eine Geschichte von Imke Rudel
mit Bildern von Johann Brandstetter

Im Land der Dinosaurier geht die Sonne auf.
Ihre Strahlen wärmen Dreihorn
und er wacht langsam auf.
Dreihorn ist ein junger Triceratops.
Das bedeutet Dreihorngesicht.
Dreihorn hat wirklich drei Hörner:
ein kleines über dem Schnabel
und zwei über den Augen.

Um den Hals trägt er eine große Nackenkrause. Sie ist ein guter Schutz vor Angriffen.
Mit seinen Eltern und Geschwistern lebt Dreihorn in einer Herde.

Dreihorn ist ein Pflanzenfresser.
Mit seinem kräftigen Schnabel kann er auch die dicksten Blätter der Bäume abzwicken.
Wo Dreihorn lebt, wachsen Farnkraut und Palmen und Nadelbäume.

Auf der Suche nach Futter wandert die Herde den ganzen Tag herum.
Ein Dinosaurier braucht viele Blätter, um satt zu werden. Am Abend erreicht die Herde einen Fluss.
Endlich! Dreihorn hat richtig Durst.

Am Fluss sind schon viele andere Dinosaurier.
Als Dreihorn genug getrunken hat, schaut er sich um. Direkt neben seiner eigenen Herde steht eine Gruppe von Edmontosauriern. Sie gehören zu den Entenschnabel-Dinosauriern.
Dreihorn hat keine Angst vor ihnen.

Sie sind auch Pflanzenfresser,
so wie er selbst. Plötzlich hebt einer
den Kopf und macht ein sehr lautes
Geräusch. Es klingt wie eine Warnung.
Was hat er gewittert?

Leserätsel

Woher hat der Triceratops seinen Namen? Er hat

- ☐ drei Hörner.
- ☐ ein Horn.
- ☐ kein Horn.

Dreihorn frisst gerne

- ☐ Pommes mit Ketchup.
- ☐ andere Dinosaurier.
- ☐ Pflanzen.

Ein Edmontosaurus ist

- ☐ ein Fleischfresser.
- ☐ ein Pflanzenfresser.
- ☐ eine Ente.

Dreihorns Lieblingsessen ist durcheinandergeraten. Kannst du es ordnen?

P ______________________

N ______________________

F ______________________

Jetzt heben alle Dinosaurier die Köpfe.
Sie schauen zu den großen Felsen
hinüber. Dreihorn reckt seinen Kopf,
aber er kann nichts erkennen.
Die großen Tiere aus seiner Herde haben
sich vor ihn gestellt!
Sie stehen eng nebeneinander

und bilden eine dichte Mauer.
Sie wollen Dreihorn schützen.
Dreihorn kann nichts sehen. Aber er spürt,
wie die Erde anfängt zu beben.
Da macht er sich ganz klein
und schaut zwischen den Beinen
der anderen hindurch.

Nun kann Dreihorn etwas sehen:
Ein Tyrannosaurus Rex greift an!
Er hat sich hinter den Felsen versteckt
und dort auf sein Abendessen gelauert.
Jetzt kommt er angerannt.

Ein Tyrannosaurus ist viel größer als ein Triceratops.
Er kommt Dreihorn riesig vor.
Aber die großen Dinosaurier seiner Herde haben sich rechtzeitig aufgestellt.
Die langen Hörner eines Triceratops können eine gefährliche Waffe sein.

Kurz bevor er die Herde erreicht,
hält der Tyrannosaurus an. Einen
jungen Triceratops kann er heute nicht
erbeuten. Hungrig schaut er sich nach
einem anderen Opfer um.
Die Edmontosaurier sind inzwischen
in den Fluss gesprungen.

Sie sind schon fast am anderen Ufer.
Dort sind sie sicher.
Da sieht Dreihorn den Ankylosaurus.
Ganz allein steht er am Wasser und trinkt. Auch der Tyrannosaurus hat ihn gesehen und läuft los.

Leserätsel

Was machen die Triceratops,
als der Tyrannosaurus
die Herde angreift?

- ☐ Sie rennen ganz schnell weg.
- ☐ Die erwachsenen Dinosaurier stellen sich vor Dreihorn auf, um ihn zu beschützen.
- ☐ Sie machen sich klein und tun so, als ob sie nicht da wären.

In diesem Kasten sind vier Dinosauriernamen versteckt. Findest du sie?

Q	W	E	T	Y	R	A	N	N	O	S	A	U	R	U	S
R	T	Y	Z	U	I	P	A	S	D	F	G	H	J	K	L
Y	X	T	R	I	C	E	R	A	T	O	P	S	C	V	B
N	M	L	K	J	H	G	F	D	S	A	P	O	I	U	Z
T	E	D	M	O	N	T	O	S	A	U	R	U	S	R	E
W	Q	M	N	A	N	K	Y	L	O	S	A	U	R	U	S
B	V	C	C	X	Y	L	A	S	D	W	E	D	C	I	S
U	W	E	F	G	D	F	I	P	S	O	S	A	D	V	W

Der Ankylosaurus ist fast so groß wie Dreihorns Eltern. Aber er hat nur ganz kleine Hörner auf dem Kopf und auf dem Rücken.

Dafür ist sein Körper mit dicken, steifen Hautplatten bedeckt. Diese Platten bilden einen richtigen Panzer.

Und am Ende seines langen Schwanzes
hat er eine dicke Keule aus Knochen.
Er trinkt ruhig weiter.
Hört er den Tyrannosaurus gar nicht?
Dreihorn will ihn warnen.
Er versucht, ein lautes Geräusch zu machen.
Endlich hebt der Ankylosaurus den Kopf.

Es ist viel zu spät zum Weglaufen.
Der Tyrannosaurus hat ihn fast erreicht.
Der Ankylosaurus hat gerade noch Zeit,
mit seinem Schwanz auszuholen.
Wie eine Peitsche schlägt er ihn auf
das Bein des Angreifers.

Das war ein Volltreffer!

Humpelnd zieht sich der Tyrannosaurus hinter die Felsen zurück.

Heute wird er niemanden mehr fressen.

Der Ankylosaurus ist gerettet.

Gut gemacht, Dreihorn!

Infoseite

Hier siehst du die Dinosaurier aus der Geschichte:

Triceratops

Er gehörte zu den Pflanzenfressern. Ein erwachsener Triceratops war größer als ein Elefant. Er konnte neun Meter lang werden!

Tyrannosaurus Rex

Sein Name bedeutet „Königliche Tyrannenechse". Er war eines der größten Landraubtiere aller Zeiten und hat sich von anderen Tieren ernährt.

Edmontosaurus

Der Edmontosaurus war auch ein Pflanzenfresser. Er wurde viel größer als ein Triceratops. Er hatte zwar keine scharfen Krallen oder Hörner, um sich zu verteidigen, aber dafür konnte er sehr schnell rennen.

Ankylosaurus

Der Ankylosaurus hatte fast am ganzen Körper Panzerplatten und trug eine dicke Keule an seinem Schwanz. Ankylosaurier waren ebenfalls Pflanzenfresser.

Lösungen

S. 42/43:

Der Triceratops hat drei Hörner.
Dreihorn frisst gerne Pflanzen.
Ein Edmontosaurus ist ein Pflanzenfresser.
Das Lieblingsessen sind PALMEN, FARNKRAUT, NADELBÄUME.

S. 50/51:

Die erwachsenen Dinosaurier stellen sich vor Dreihorn auf, um ihn zu beschützen.

Q	W	E	T	Y	R	A	N	N	O	S	A	U	R	U	S
R	T	Y	Z	U	I	P	A	S	D	F	G	H	J	K	L
Y	X	T	R	I	C	E	R	A	T	O	P	S	C	V	B
N	M	L	K	J	H	G	F	D	S	A	P	O	I	U	Z
T	E	D	M	O	N	T	O	S	A	U	R	U	S	R	E
W	Q	M	N	A	N	K	Y	L	O	S	A	U	R	U	S
B	V	C	C	X	Y	L	A	S	D	W	E	D	C	I	S
U	W	E	F	G	D	F	I	P	S	O	S	A	D	V	W

Ein Pony im Garten

Eine Geschichte von Julia Boehme
mit Bildern von Astrid Vohwinkel

Als Paula aufwacht, setzt sie sich gleich auf. WUMS knallt ihr Kopf gegen die Wand. „Autsch!“ Paula blinzelt nach oben. Seit wann hat ihr Zimmer schräge Wände? „Seit gestern!“, fällt ihr mit einem Mal ein. Gestern ist sie doch mit ihren Eltern umgezogen! Raus aus der Stadt, in ein Häuschen aufs Land. Ihre Eltern sind nämlich ganz wild aufs Landleben. Paula nicht. Aber sie wurde einfach überstimmt. Und jetzt hat Paula ein Zimmer mit Dachschrägen.

Weit weg von allen ihren Freundinnen.
Paula tapst zum Fenster. Sie sieht Wiesen, Weiden und Felder.
„Langweilig“, gähnt sie.
Doch dann spitzt Paula die Ohren. War da nicht ein Wiehern? Da, schon wieder! Irgendwie klingt es, als ob ein Pferd direkt unter ihrem Fenster steht.
Paula lehnt sich ganz weit hinaus und traut ihren Augen kaum: Da steht ein Pony! Mitten in ihrem Garten!

Blitzschnell rast Paula nach draußen.
Ihr Herz pocht wie verrückt.
Sie hat sich schon immer ein Pony gewünscht. Endlich haben Mama und Papa ihren Wunsch erfüllt!
„Hallo, Pony“, flötet sie und streichelt ihm über die Nase.
Das Pony schnauft zufrieden.

Da kommen auch schon Mama und Papa nach draußen. Im Schlafanzug, genau wie Paula. Paula rennt ihnen entgegen. „Danke!“, jubelt sie. „Ihr seid die tollsten Eltern der Welt!“
Doch die tollen Eltern haben Paula gar kein Pony geschenkt.
„Das ist nicht von uns“, sagt Papa.
„Nicht?“, fragt Paula enttäuscht.

Mama schüttelt den Kopf.
„Es ist bestimmt irgendwo ausgebüxt“, meint Mama. Das glaubt Papa auch.
„Es wollte nur mal kurz gucken, wer hier neu eingezogen ist“, lacht er.
„Bis wir uns angezogen und gefrühstückt haben, ist es sicher längst wieder zu Hause!“
„Hoffentlich nicht“, denkt Paula und beeilt sich beim Anziehen. Auch ihr Müsli schlingt sie hinunter.
Dann rennt sie in den Garten. Das Pony ist zum Glück immer noch da. Paula hat Apfelstückchen mitgebracht.
„Willst du nicht bei mir bleiben?“, fragt sie und füttert das Pony.
Das Pony nickt mit seinem dicken Kopf.
„Das wäre so schön!“, murmelt Paula und krault ihm die Mähne.
„Dann brauchen wir noch einen Namen für dich!“, fällt ihr ein.

Paula streichelt das weiße Fell.
Lauter schwarze Punkte sind darauf.
„Wie wär's mit Pünktchen?", fragt sie.
Das Pony wiehert fröhlich und schlägt
ausgelassen mit dem Schweif.

„Nanu, das Pony ist ja immer noch da“, wundert sich Papa, als er in den Garten kommt. „Ich rufe mal bei der Polizei an, ob jemand ein Pferd vermisst.“
Doch bei der Polizei hat sich noch niemand gemeldet. Paula freut sich schon.
„Können wir es dann nicht einfach behalten?“, fragt sie.
Mama schüttelt den Kopf.

„Das Pony gehört trotzdem jemandem. Und der ist bestimmt schon ganz traurig, weil sein Pony weg ist. Das wärst du doch auch!“

Paula nickt.

„Willst du ihm nicht helfen, sein Pony wiederzufinden?“

„Wie denn?“, fragt Paula.

„Du könntest in der Nachbarschaft Zettel aufhängen, dass uns ein Pony zugelaufen ist“, schlägt Mama vor.

Große Lust hat Paula dazu nicht. Trotzdem fährt sie mit dem Fahrrad los und hängt ein paar Zettel auf:

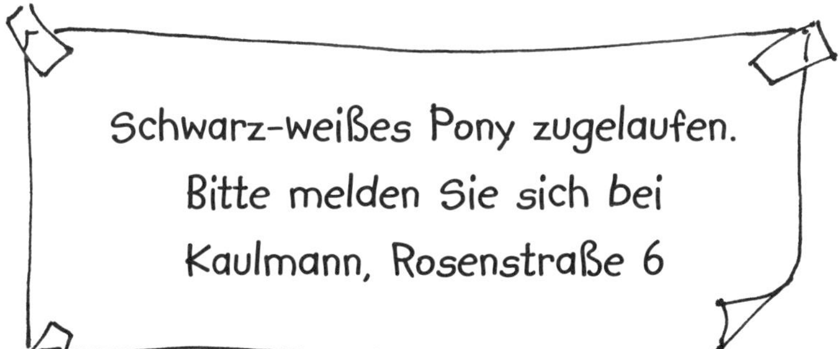

Leserätsel

Warum nennt Paula das Pony Pünktchen? Kreuze an.

- [ ] Weil es so klein ist.
- [ ] Weil es Sommersprossen hat.
- [ ] Weil es einen Punkt auf der Stirn hat.
- [ ] Weil es bunt gescheckt ist.
- [ ] Weil es lauter schwarze Punkte auf dem weißen Fell hat.

Was haben Paula und ihre Eltern an?

- [ ] einen Schlafanzug
- [ ] einen Badeanzug
- [ ] eine Latzhose

Paula wohnt in einer Straße,
die wie eine Blume heißt.

Es ist die __ __ __ __ __ straße.

Hier siehst du vier Blumen. Verbinde die Bilder mit dem richtigen Wort.

Tulpe

Rose

Margerite

Sonnenblume

Bis sich jemand meldet, darf das Pony im Garten bleiben. Paula bringt ihm einen Eimer Wasser. Genug Gras zum Fressen hat es ja.
„Ich hätte ja so eine Lust, das Pony zu putzen!“, seufzt Paula.
„Dann hol doch den Staubwedel!“, meint Papa. Er liegt im Liegestuhl, um sich vom Auspacken zu erholen.
„Mensch, Papa!“ Paula verdreht die Augen. „Um ein Pony zu putzen, braucht man einen Striegel und eine Kardätsche.“

Hufkratzer

Kardätsche

Gummistriegel

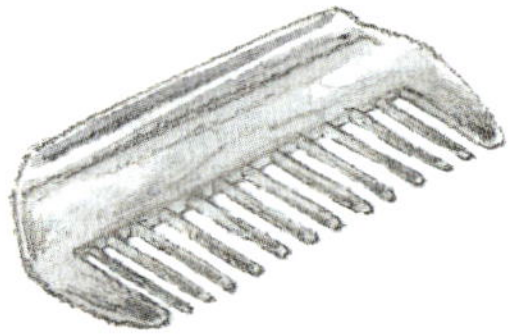

Mähnenkamm

„Eine was?“, fragt Papa. Er hat wirklich keine Ahnung!
„Das ist eine ganz weiche Bürste“, erklärt Paula. Dann fällt ihr etwas ein. Ihre Haarbürste ist doch ganz weich. Ob sie die zum Striegeln nehmen kann? Paula läuft ins Bad, holt ihre Bürste und probiert es einfach.
Und Pünktchen gefällt es.

„Du putzt ihm aber nicht noch mit deiner Zahnbürste die Zähne?“, erkundigt sich Papa, bevor er wieder ins Haus geht.
„Klar doch“, grinst Paula und bürstet weiter.
„Darf ich dich jetzt mal reiten?“, fragt sie Pünktchen, als sie fertig ist.
Das Pony scheint nichts dagegen zu haben.
Einen Sattel hat Paula nicht.
Hm, wie kommt man bloß ohne Steigbügel auf ein Pony?

Paula versucht es mit einem Stuhl.
Doch jedes Mal, wenn sie den Stuhl neben das Pony gerückt hat und aufsteigen will, geht Pünktchen ein paar Schritte weiter.
„Dann probiere ich es einfach ohne Stuhl“, denkt Paula.
Als Pünktchen stehen bleibt, um ein paar Margeriten zu fressen, nimmt sie Anlauf.
Doch gerade als sie auf seinen Rücken springen will, rast Pünktchen los.

Paula landet auf ihrem Po.
„Aua!", ruft sie und will schon schimpfen.
Aber da sieht sie, dass Pünktchen zum Gartentor galoppiert ist.
Dort steht ein fremdes Mädchen und schlingt die Arme um Pünktchens Hals.
Das Pony schnaubt leise.
„Wer bist du denn?", fragt Paula überrascht.
„Ich bin Anna-Maria. Mir gehört das Pony!"
Und dann erzählt Anna-Maria, dass sie mit ihren Eltern ihre Oma besucht hat.
Und da ist ihr Pony einfach ausgebüxt.

„Um mich zu suchen, wahrscheinlich“, meint Anna-Maria. „Dann habe ich nach ihm gesucht! Wie verrückt! Bis ich die Zettel entdeckt habe. Die hast du bestimmt geschrieben?“
Paula nickt.
„Das war eine tolle Idee!“, sagt Anna-Maria. „Ich bin ja so froh, dass ich mein Pony wiederhabe!“

Paula ist gar nicht froh. Pünktchen ist ihr erster neuer Freund, den sie hier gefunden hat.
„Nimmst du das Pony gleich mit?“, fragt sie.
„Klar“, sagt Anna-Maria und macht einen Strick am Halfter fest. Sie hat auch einen Helm mitgebracht. Und Reitstiefel.
„Auf Wiedersehen, Pünktchen“, murmelt Paula traurig zum Abschied.
„Woher weißt du, dass mein Pony Pünktchen heißt?“, staunt Anna-Maria.
Paula schaut sie groß an.
„Mein Pony heißt wirklich Pünktchen!“
„Ehrlich?“, fragt Paula.
„Ja, ehrlich“, grinst Anna-Maria.
Und dann fragt sie Paula noch etwas.
Etwas ganz Tolles: „Hast du nicht Lust, Pünktchen mit nach Hause zu bringen?
Dann können wir nachher zusammen reiten.“
„Aber ja!“, lacht Paula. „Klar habe ich Lust!
Und wie!“

Leserätsel

Womit putzt Paula ihr Pony?

Bilde aus den Buchstaben richtige Wörter:

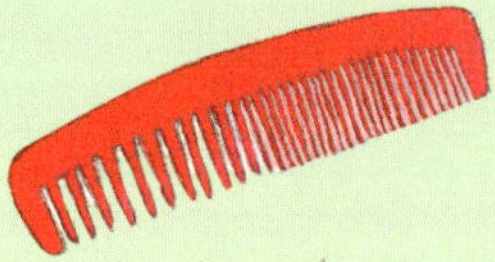

M K M A

______

Ü H R A B T A R E S

______

R S G L E T I E

______

T S D A R C E K H Ä

______

Eine Kardätsche ist

- [ ] eine Zahnbürste 
- [ ] ein Spülschwamm
- [ ] eine weiche Bürste 

Paulas neue Freundin heißt

- [ ] Lena-Lotta
- [ ] Anna-Maria
- [ ] Karla-Sofia
- [ ] Ann-Katrin
- [ ] Lotta-Lisa

Infoseite

Hier kannst du dir Pünktchen noch einmal ganz genau ansehen.

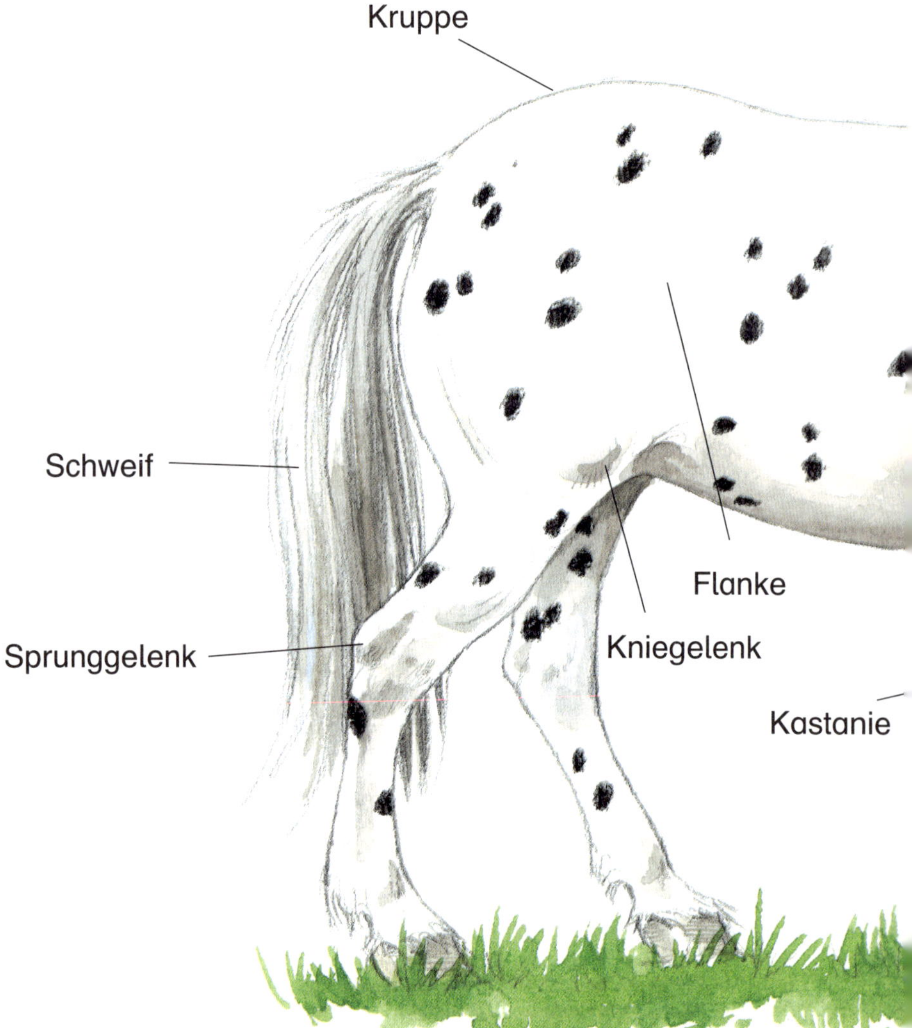

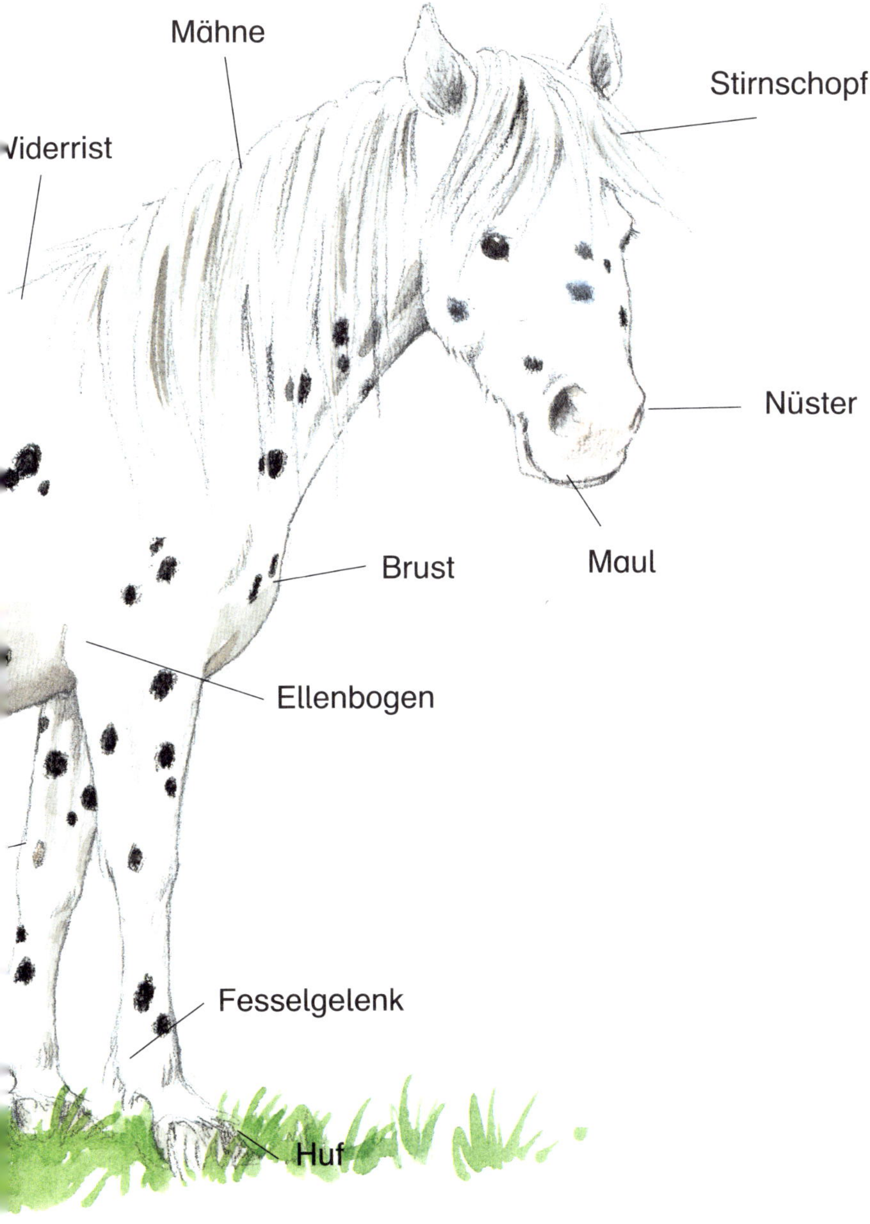
Mähne
Stirnschopf
Viderrist
Nüster
Maul
Brust
Ellenbogen
Fesselgelenk
Huf

Lösungen

S. 70/71:

Paula nennt das Pony Pünktchen, weil es lauter schwarze Punkte auf dem Fell hat.

Paula und ihre Eltern haben einen Schlafanzug an.

Paula wohnt in der Rosenstraße.

Tulpe  Rose 

Margerite  Sonnenblume 

S. 80/81:

KAMM, HAARBÜRSTE, STRIEGEL, KARDÄTSCHE

Eine Kardätsche ist eine weiche Bürste.

Paulas neue Freundin heißt Anna-Maria.

Liebe Eltern,

alle Kinder wollen lesen lernen, aber das ist nicht immer einfach. Es ist wie mit dem Fahrradfahren: Man lernt es nur durch Übung – also durch das Lesen selbst.

Die Lesemaus zum Lesenlernen bietet Leseanfängern spannende Geschichten zum Selberlesen. Mit lustigen und kniffligen Leserätseln können die Kinder ihre Lernerfolge selbst überprüfen. Außerdem gibt es in jeder Geschichte eine Doppelseite mit kindgerecht aufbereiteten Sachinfos.

Die Geschichten erscheinen in drei Lesestufen. Das ermöglicht das Lesenlernen in kleinen Schritten.

Die beliebtesten Geschichten der ersten Lesestufe erscheinen in diesem Sammelband und wecken die Lust der Kinder am Lesen und Mitdenken.

Ihnen und Ihren Kindern viel Spaß beim Vorlesen, Mitlesen und Selberlesen!

Die drei Lesestufen

Lesestufe 1

Erste Geschichten für Leseanfänger
Bilder ersetzen Namenwörter
Große Fibelschrift

Lesestufe 2

Einfache Geschichten für Erstleser
Klare Textgliederung, einfache Sätze
Große Fibelschrift

Lesestufe 3

Kleine Geschichten für geübte Erstleser
Fließtext
Kurze Leseportionen

Alle Bücher haben Leserätsel
zur Lernkontrolle und zusätzliche
Infoseiten zum Thema.

Lesestufe 1

LESEMAUS

Für Leseanfänger

Band 312
ISBN 978-3-551-06312-0

Bilder ersetzen Namenwörter

„Schau mal“, ruft Felix.
„Dahinten liegt ein !“
Papa sieht durch das .
„Das ist kein “, sagt er.
„Das ist ein junger .
Er hat seine Mutter verloren.
Deswegen nennt man ihn Heuler.“

4

„Können wir ihn mitnehmen?“,
bettelt Felix.
„Nein“, antwortet Papa.
„Vielleicht kommt
die -Mutter bald zurück.“
Felix und Papa setzen sich
auf eine .
Felix holt seine
aus dem .
Dabei beobachtet er den .

5

Große Fibelschrift

zum Lesenlernen

Band 302
ISBN 978-3-551-06302-1

Band 307
ISBN 978-3-551-06307-6

Band 309
ISBN 978-3-551-06309-0

Band 310
ISBN 978-3-551-06310-6

Band 311
ISBN 978-3-551-06311-3

Band 313
ISBN 978-3-551-06313-7

Lesestufe 2

LESEMAUS

Für Erstleser

Band 404

ISBN 978-3-551-06404-2

Klare Textgliederung, einfache Sätze

Vor dem Stall fängt das Mädchen an
Flecki zu striegeln.
Das wollte Conni eigentlich gerade
machen. So was Blödes!
Wie zufällig schlendert sie an den
beiden vorbei.
„Hallo!", ruft das Mädchen. „Du bist
Conni, stimmt's? Ich bin Kim."
„Hallo", antwortet Conni knapp.
Dann geht sie weiter, als habe sie noch
etwas Wichtiges zu tun.

Mit dem Hufkratzer säubert Kim Fleckis
Hufe. Als sie damit fertig ist, nimmt sie
das Halfter ab und legt geschickt das
Zaumzeug an.
Dann legt sie die Satteldecke auf,
streicht sie glatt und sattelt auf.

Große Fibelschrift

zum Lesenlernen

Band 401
ISBN 978-3-551-06401-1

Band 407
ISBN 978-3-551-06407-3

Band 408
ISBN 978-3-551-06408-0

Band 412
ISBN 978-3-551-06412-7

Band 413
ISBN 978-3-551-06413-4

Band 414
ISBN 978-3-551-06414-1

Noch mehr Bücher gibt es unter www.lesemaus.de

Lesestufe 3

LESEMAUS

Für geübte Erstleser

Band 512

ISBN 978-3-551-06512-4

Fließtext

Eigentlich geht Michi gern in die Schule.
Aber seit ein paar Tagen möchte er
am liebsten zu Hause bleiben.
Er darf es niemandem sagen, aber er
hat Angst. Da ist ein großer Junge.
Der wartet auf ihn. Auf dem Schulweg.
Fast jeden Tag. Auch an diesem Montag.
Er lauert an der alten Mauer, wo niemand
ihn sehen kann. Michi kennt ihn nicht.
Er will ihn auch gar nicht kennen.
Er möchte nur vorbei. Schnell vorbei,
in die Schule. Aber der Junge lässt ihn
nicht vorbei: „Stopp, du! Kein Durchgang!"

„Ich muss in die Schule", sagt Michi.
„Kein Durchgang, sag ich!"
Michi versucht an dem Jungen vorbeizulaufen.
Aber der Junge hält ihn fest und schubst ihn
zurück. Michi stolpert und fällt hin. Er tut sich
an der Hand weh. Gleich muss er weinen.
Aber das will er nicht. Nicht hier. Und nicht jetzt.
„Lass mich, du blöder ...!"
„Frech werden?" Der Junge schubst ihn wieder.
„Ich sag: Kein Durchgang!"
„Ich muss in die Schule!"
„Was zahlst du?"

3

Kurze Leseportionen

zum Lesenlernen

Band 501
ISBN 978-3-551-06501-8

Band 507
ISBN 978-3-551-06507-0

Band 509
ISBN 978-3-551-06509-4

Band 510
ISBN 978-3-551-06510-0

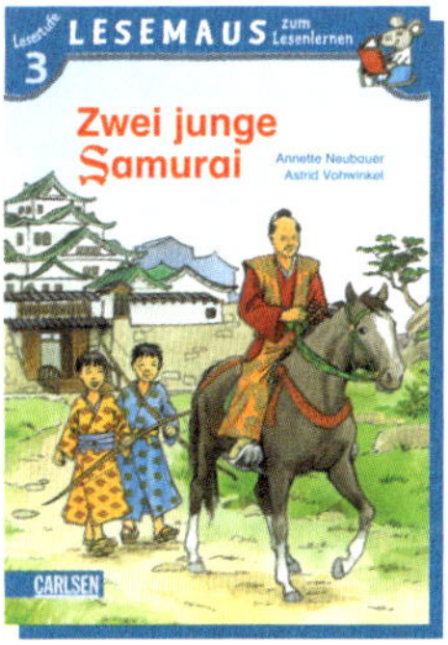

Band 511
ISBN 978-3-551-06511-7

Band 513
ISBN 978-3-551-06513-1

Noch mehr Bücher gibt es
unter www.lesemaus.de

Wuff
Wuff
Wuff